내 안에 머물러 있는 순간들

그럼에도 사랑이 필요한 당신에게
변호사 안귀옥

내 안에 머물러 있는 순간들

펴낸날	초판 1쇄 2025년 11월 20일
지은이	안귀옥
펴낸이	서용순
펴낸곳	이지출판
출판등록	1997년 9월 10일
등록번호	제300-2005-156호
주소	03131 서울시 종로구 율곡로6길 36 월드오피스텔 903호
대표전화	02-743-7661 팩스 02-743-7621
이메일	easy7661@naver.com
창작지도	윤보영감성시학교
영문번역	정백락 · 박준용
디자인	김민정
인쇄	ICAN
물류	(주)비앤북스

ⓒ 안귀옥 2025, Printed in Seoul, Korea

값 15,000원

ISBN 979-11-5555-268-1 04810
      979-11-5555-272-8 04810(세트)

※ 저자와 합의하여 인지는 생략합니다.
※ 이 책의 전부 또는 일부 내용을 재사용하려면 사전에 저작권자와
   이지출판의 동의를 얻어야 합니다.
※ 잘못 만들어진 책은 구입하신 서점에서 교환해 드립니다.

내 안에 머물러 있는 순간들

안귀옥 변호사 법정 시집 ①

이지출판

● **추천의 글_ 윤보영** 커피시인

제가 알기엔 세계 최초의 법정 시집이 탄생했습니다.
존경하는 안귀옥 변호사님이 오랜 법정 경험 속에서 갈등의 순간들을 감성시로 승화시켜 3권의 시집에 담았습니다.

안귀옥 변호사님은 감성시를 통해 만났습니다. 일상의 경험을 시로 표현하는 과정에서, 법정에서 마주한 수많은 갈등을 감동적으로 표현하는 것을 보고 '법정 시집' 출간을 권유했습니다. 제 의견을 받아들여 마침내 그 누구도 시도하지 못한 의미 있는 결실을 이뤄 냈습니다.

이 시집은 그저 단순한 책이 아닙니다. 부부와 가족이 겪는 갈등을 시를 통해 풀어나갈 수 있도록 도와줄 뿐만 아니라, 법조인들에게는 새로운 시각을 제시하는 지침서 같은 귀한 선물이 될 게 분명합니다.

저 역시 시를 읽으면서 눈시울이 붉어졌습니다. 앞으로도 변호사님의 시상(詩想)이 샘물처럼 솟아나 따뜻한 사회를 만드는 데 시인으로서 더 큰 역할을 해 줄 것을 부탁드립니다. 그 과정에 저 역시 시인으로 함께할 것을 약속드립니다.

끝으로, 3권의 시집을 동시에 발간하신 시인님과 특별히 엄마의 시를 영어로 번역해 준 아드님, 그리고 든든한 힘이 되어 주신 가족분들께 깊이 감사드립니다.

2025년 11월

● **추천의 글_ 왕미양** 한국여성변호사회 회장

이혼 법정에서 만난 사람들의 이야기,
시로 피어나다

변호사로 살아오며 수많은 이혼 사건을 마주해 왔습니다. 그러는 사이, 저는 깨닫게 되었습니다. 이혼 법정이란 단지 법과 증거로만 움직이는 공간이 아니라, 사랑의 끝과 새로운 시작이 교차하는 인간의 깊은 내면의 소리를 듣게 되는 자리라는 것을요.

그곳엔 상처와 아픔, 회복과 희망이 공존합니다. 말로 다 담을 수 없는 감정들, 판결문에 적히지 않는 사연들, 소송 서류 어디에도 남지 않는 그날의 눈빛과 침묵들— 안귀옥 변호사님의 시는 바로 그 이야기를, 그 마음을 품고 있습니다.

이별의 순간부터 흘러간 시간들, 그리고 다시 삶의 자리를 찾아가는 그 긴 여정까지, 시인은 따뜻하고 섬세한 언어로 이별의 풍경을 어루만집니다. 그 속엔 상처받은 이들의 아픔에 깊이 공감하며, 조용히 손을 내미는 시인의 시선이 고스란히 담겨 있습니다.

　헤어짐을 다루는 법정에서, 그 너머의 삶을 품은 시집이 태어났습니다. 법과 문학이 만나 빚어낸 이 귀한 결실을, 모든 법률가와 위로가 필요한 이들에게 진심으로 권합니다.

2025년 11월

● **추천의 글_ 권갑하** 시인, 문화콘텐츠학박사

사랑, 그 긴 변론의 끝에서 피어난 시

이 3권의 시집은 한 여성의 마음을 지나온 사랑의 이야기이자, 인간이 상처를 겪고 다시 일어서는 회복의 기록이다. 안귀옥 시인은 오랜 세월 법정에서 수많은 이별과 화해, 상처와 회복의 순간들을 지켜보았다. 이혼 전문 변호사로서 타인의 아픔을 마주해 온 그 시선이, 시를 만나 비로소 자신의 내면 언어로 피어난 것이다.

첫 번째 시집 《내 안에 머물러 있는 순간들》은 사랑의 시작과 끝을 바라보며 관계의 진실을 배우는 연습이다.

> 결혼은
> 같이 숨 쉬는
> 연습이었는데
>
> 나는
> 자꾸 내 호흡만
> 세고 있었어요.
> ―〈연습〉 부분

이 짧은 고백 속엔 사랑의 온도와 균형, 그리고 '함께 한다는 것'의 어려움이 그대로 배어 있다.

두 번째 시집 《조용히 무너지는 것들》은 무너진 자리에서 다시 일어서는 치유의 이야기다.

> 거울 앞에 섰어요
> 잠깐 나를 보다가
> 처음으로 말했어요
> "괜찮아, 넌 잘 살아왔어."
> ─〈처음 해 본 말〉 부분

이 한 구절은 법정에서 들려온 수많은 사연보다도 더 깊은 자기 고백이다. 상처받은 자아가 마침내 '내 편이 된 나'로 서는 순간의 울림이 있다.

세 번째 시집 《이별, 그 후의 나》는 모든 고통을 지나 마침내 얻은 평화의 순간을 노래한다.

상처도
빛을 받으면
아름다워지는 것을
그때 알았어요.

― 〈상처〉 부분

이 한 줄은 긴 어둠을 지나 마침내 찾은 빛의 고백이다. 시인에게 이별은 끝이 아니라 자신에게로 돌아가는 새로운 시작이다.

이 3권의 시집은 '사랑-상처-회복'으로 이어지는 한 편의 긴 서정적 여정처럼 읽힌다. 법정에서의 언어가 판결의 언어였다면, 시 속의 언어는 용서와 이해, 그리고 치유의 언어다.

시인은 흩어진 인간의 감정을 시라는 그릇에 고요히 담아낸다. 단정하고 절제된 목소리로 우리에게 속삭인다.

"괜찮아요, 당신도 다시 피어날 수 있어요."

안귀옥 시인의 시는 슬픔을 위로로, 상처를 빛으로 바꾸는 삶의 변호문이다. 그의 시에는 법정의 냉정함을 넘어선 사랑의 따뜻함이 잔잔히 흐른다.
 이 3권의 시집은 오랫동안 독자들의 마음에 남아, 사랑의 본질과 인간의 품격을 다시 생각하게 하는 소중한 문학의 증언이 되기를 바란다.

2025년 11월

● 시인의 말

 한 사람의 마음이 다른 사람에게 전달되기까지 얼마나 많은 감정이 스쳐가고, 또 얼마나 오래 머물다 가는지를 이혼 법정이라는 낯선 자리에서 오래 바라볼 수 있었습니다.

 '이혼'이란 법적으로는 한 단어로 끝날 수 있는 일이지만, 그 속에는 무수한 고백과 미안함, 끝내 꺼내지 못한 사랑이 가만히, 그리고 조용히 웅크리고 있었습니다.

 사람들은 왜 헤어지느냐고 묻지만, 나는 그보다도 서로를 얼마나 사랑했는지, 또 어떤 마음으로 애써 왔는지를 듣고 싶었습니다. 그래서 이 시집에는 누군가의 이별이 아니라, 누군가가 걸어간 사랑의 자취를 담았습니다. 사라진 것이 아니라, 남겨진 따뜻함을 쓰려고 했습니다.

 시를 쓰며 알게 되었습니다. 헤어짐은 단지 이혼이라는 말로 설명되지 않는다는 것을요. 법률 문서 한 장으로는 헤아릴 수 없는 깊고 따뜻한 마음이 또 있다는 것을요.

나는 변호사이지만, 이 시에서는 누군가를 말로 변론하지 않고 그저 마음으로 안아 주고 싶었습니다. 그리고 한 여성으로서, 어쩌면 사랑의 끝자락을 함께 걸어 본 사람으로서, 그 고요한 감정의 강을 건너본 이로서, 그들의 마지막 표정을 시로 옮겨 적고 싶었습니다.

이 시집이 누군가에게는 마음 한구석 오래 묵혀 두었던 감정을 다독이는 손길이 되고, 또 누군가에게는 조용히 다시 걸음을 떼는 용기의 시작이 되었으면 좋겠습니다.

이 시들은 이별의 문턱에서 태어났지만, 그 안에는 여전히 사랑이 남긴 가장 따뜻한 말들이 살아서 숨쉬고 있습니다.

시집이 탄생하도록 따뜻한 지도와 격려를 보내 주신 윤보영 시인님, 귀한 추천의 글로 힘을 보태 주신 권갑하 시인님과 왕미양 회장님, 시의 아름다움을 함께 번역해 주신 정백락 선생님과 박준용 군, 그리고 아름다운 책으로 완성해 주신 이지출판사 서용순 대표님께 깊은 감사를 드립니다.

  여러분의 진심 어린 마음과 손길이 모여 이 시집이 꽃으로 피어날 수 있었습니다.

2025년 11월
안귀옥

● 차례

추천의 글_ **윤보영** 커피시인 • 4
추천의 글_ **왕미양** 한국여성변호사회 회장 • 6
추천의 글_ **권갑하** 시인, 문화콘텐츠학박사 • 8
시인의 말 • 12

제1부 사랑이라는 이름으로

떨리는 손끝 • 22
함께했던 계절 • 23
여름밤의 속삭임 • 24
연습 • 25
결심 • 26
사랑 앞에서 • 27
결혼 • 28
반지의 무게 • 29
그날의 다짐 • 30
당신 미소 • 31
사랑의 무게 • 32
그날의 밥상 • 33
바람의 기억 • 34
눈물 • 35
진짜였기에 • 36
모른다는 건 • 37
거리가 만든 사랑 • 38
비밀 • 39
몰랐기에 • 40
미지의 사랑 • 41
알고 난 후에도 • 42
사랑을 지키기 위해 • 43
사랑은 연습 • 44
너무 달랐지만 • 45
빈자리 • 46
지는 법을 배웠다 • 47
웃는 척이라도 • 48
놓지 않은 손 • 49

제2부 지키지 못해 미안해요

우리 약속 • 52
작은 소망 • 54
지키지 못한 말 • 56
행복이라는 오해 • 58
어쩌면 좋죠? • 60
하루하루가 쌓여 • 62
말 없는 싸움 • 64
막을 수가 없네요 • 66
모른 척하며 • 68
한순간의 불꽃 • 70
사랑의 끝 • 72
불안의 시작 • 74
조용히 터진 분노 • 76
마음이 먼저 • 78

노력의 흔적들 • 53
웃음이 사라진 날 • 55
미래를 그리던 밤 • 57
사진 속 우리 • 59
그대였던 눈물 • 61
그 한마디 • 63
몰랐어요 • 65
균열 • 67
어떤 날 • 69
풀잎처럼 • 71
참을 수 없는 침묵 • 73
저무는 감정 • 75
길 잃은 말 • 77

제3부 엄마, 울어도 돼요

마지막 불빛 • 80
마음은 등 뒤에 • 81
당당하게 • 82
이름 없는 편지 • 83
다시 부른 이름 • 84
흔적 • 85
이유 없이 웃던 날 • 86
외면 • 87
용기가 안 나요 • 88
그대 손을 잡던 날 • 89
짧은 거리 • 90
행복이라는 착각 • 91
그대도 나만큼 • 92
습관 • 93
진심 1 • 94
진심 2 • 95
사랑의 증거 • 96
엄마니까 • 97
작은 주문 • 98
무릎베개 • 99
아침엔 • 100
무너짐 • 101
외롭지만 • 102
울 수 있어서 • 103
눈물이 묶였다 • 104
내 편 되기 • 105
마지막까지 • 106

제4부 나를 안아 주는 시간

나에게 안긴 나 • 108
나답게 • 110
나를 안아 주는 시간 • 112
내 안에 있는 내게 • 114
작은 것들이 • 116
괜찮아요 • 118
어느 날은 • 120
조용할 때 • 122
아빠의 발소리 • 124
편을 들 수 없어요 • 126
웃음도 죄 • 128
길을 잃었어 • 130

숨이 찰 땐 • 109
토닥토닥 • 111
눈물의 위로 • 113
이유가 없어도 • 115
상처를 품고도 • 117
숨겨 둔 울음 • 119
접어 넣었어요 • 121
엄마 그림자 • 123
왜 조용한지 • 125
작은 손 • 127
오래된 친구 • 129
질문이 너무 많아 • 131

제5부 영문번역 시

The Weight of Love • 134

Fracture • 135

The Unbearable Silence • 136

Quiet Eruption • 137

The Heart First • 138

The Last Light • 139

The Heart Behind • 140

Even If a Little Less • 141

A Heart That Wants to Share • 142

A Good Way • 143

Flows Again • 144

Thanks to You • 145

Some Days • 146

The Shadow of My Mother • 147

I Couldn't Take Sides • 148

제1부
사랑이라는 이름으로

떨리는 손끝

처음 다가온
그대 손

내 손끝이
파르르 떨렸어요

그 떨림이
사랑이라는 걸
그때는 미처 몰랐어요.

함께했던 계절

봄꽃 향기 날리는 소리
여름 파도 밀려오는 소리
가을 낙엽 구르는 소리
겨울 첫눈 내리는 소리

모든 계절에
당신과 내가 있었지요

그 순간들은
아직도
내 마음에 머물러 있어요.

여름밤의 속삭임

땀 흘리며 걷던
그 여름밤
한강 다리 아래

그대의
목소리는
별빛보다 선명했어요

지금도
내 안에
아련하게
그 강이 있네요.

연습

결혼은
같이 숨 쉬는
연습이었는데

나는
자꾸 내 호흡만
세고 있었어요

서로의 틈을
함께 메워 가야 했는데
빈자리만 원망했지요

하루쯤
더 천천히

한 걸음쯤
더 다정히

그랬다면
우린
아직 함께였을까요?

결심

사랑은
감정이었지만

결혼은
결심이었어요

그 결심이
우리 집을 짓게 했고
지금까지 살게 했네요.

사랑 앞에서

사랑 앞에서는
모든 말이 작아져요

그래서 우리는
침묵으로
더 많이 이야기했지요.

결혼

결혼이라는
단어 속엔
두 개의 이름이 있었어요

너와 나
그리고
우리라는
새로운 이름

그 이름과 이름이
만나
행복을 만들기도 하고
아픔을 만들기도 하고.

반지의 무게

반지는
작지만
결혼은
무거웠어요

그 무게를
전엔
몰랐어요.

그날의 다짐

결혼식장에서
단단히 다짐했던
"행복하자"던
그대 목소리

지금도
나를
돌아보게 합니다.

당신 미소

이유도 없이
싸운 날

당신의 미소에
마음이 흔들렸어요

그날
우리는
싸운 게 아니라
서로를 알아가는 시간이었어요.

사랑의 무게

그대와 나
서로를
사랑이라 부르던 시절

그 이름이
이토록 무거울 줄
미처 몰랐어요.

그날의 밥상

그대가 끓여 낸
된장국

말없이
마주 앉은 저녁

사소했지만
그건 분명 사랑이었어요

당신도 그렇지요?

바람의 기억

그 길을
걸을 때마다
불어오던 바람

그때
우리는 서로
손을 놓지 않았어요

바람이
지켜보고 있었으니까요.

눈물

우리를
떠올릴 때

눈물이 나는 건
그만큼은
진심이었기 때문입니다

그대는 몰라도
저는 그래요.

진짜였기에

그대는 아나요?
우리가
진짜였다는 걸

가짜였다면
벌써 잊혀졌겠지요

하지만
아직도 선명한 걸 보니

모든 순간이
진짜였습니다.

모른다는 건

그대의
하루가 궁금했고

그대의
마음이 알고 싶었어요

모른다는 건
그만큼 더
알고 싶다는 거였어요

하지만
아직도 알고 싶은 게
이리 많은데

알 수 없는 현실이
그냥, 그저
그렇습니다.

거리가 만든 사랑

가까우면서도 멀었던
그대

서로를
다 알 수 없었기에

우리는
더 자주
서로를 바라보았었지요.

비밀

모두
털어놓지 않아도
사랑할 수 있었어요

그 비밀들이
우릴 더 끌어당겼지요

당기고 보면
늘 그 끝엔
당신 미소가 있었구요.

몰랐기에

그대의 실수를
상처라고 생각하지 않았어요

몰랐기에
그저 '괜찮다'고 웃어 줬어요.

미지의 사랑

그대를
전부 알지 못한 채
사랑했다는 건

아직
남은 사랑이
있다는 뜻일까요?

알고 난 후에도

서로를 알아가며
때로는 실망했고
때로는 아팠지만

그 시작이 있었기에
지금의 나도 있지요

마주보며
웃고 있는.

사랑을 지키기 위해

사랑을
지키기 위해
수많은 밤을
지새우며 노력했지요

그 끝이 이별이라도
노력은 헛되지 않았음을 알아요

하고 싶었던 말
참았던 말

우린
말 대신
사랑을 선택했어요

떠나고 싶은 순간에도
우리는
돌아서지 않았어요

같은 자리에 서서
바람이 그냥 지나가게
서로를 붙잡았어요.

사랑은 연습

사랑은
지켜내는 일이 아니라

매일
다시 시작하는
연습입니다

우리처럼.

너무 달랐지만

서로 다르지만
우린 눈을 감고
서로의 세계로

한 발자국
또 한 발자국
걸어 들어갔어요

그곳에는
늘 당신이 있었죠.

빈자리

하루하루
내 자리는 좁아져 갔어요

내가
점점 사라지는 것을
그대도 알게 되었지요

내가 없는 순간
내 빈자리를 채울 수 있을까요?

사라져 가는 나는
그저 두려움뿐입니다.

지는 법을 배웠다

싸우고 나서
먼저 손 내밀기까지

우리는 수없이
자존심을 내려놓았지요

그 덕분에
오늘까지
함께라는 단어 속에
우리가 머물고 있겠지요.

웃는 척이라도

속상한 날도
마주 앉아
미소를 건넸지요

그건 거짓이 아니라
사랑이었답니다

다 몰라도
당신은 알 수 있는.

놓지 않은 손

잡은 손이
흔들릴 때마다

더 꼭 쥐던 그대
참 애썼어요

내 사랑
받을 자격 있는 당신
고마워요!

제2부
지키지 못해 미안해요

우리 약속

우리가
서로의 이름을
부를 때마다
사랑은 조금씩 쌓였고

세상 무엇보다
우리 약속은 단단해 보였는데

이제는
서로의 이름을 내려놓고
그 약속을 접어야 할 시간

그 이름으로
웃고 울던 날들이
아직도 가슴을
아리게 하네요.

노력의 흔적들

서로 생일 때마다
챙겨 주던 선물

그 작은 것들은
우리가 노력한 흔적이지요

지금은 비록
이별이라 해도

그 과정은
진심이었고
노력이었어요.

작은 소망

큰 것을 바라지 않았어요

그저 평범한 하루

서로 웃을 수 있는

그런 날들이길 바랐건만….

웃음이 사라진 날

언제부턴가
우리 사이에
웃음이 사라졌을 때

행복하자는
그 약속이
무너졌다는 걸 알았어요

하지만
각자 그 자리에서
사라진 웃음을 불러오기로 해요.

지키지 못한 말

행복하자던 그 말
지키지 못해
미안해요

그 말이 지금도
가슴에
오래 남아 있네요

부딪친 곳도
없는데
자꾸 메아리치네요.

미래를 그리던 밤

커튼 사이로
스며들던 달빛 아래

우리 함께
아이 이름을 지으며
웃었지요

아이들 이름은
지금도 그대로인데

우린
뭐죠?

행복이라는 오해

행복하자던 약속이
같은 그림이 아니었음을
너무 늦게 알았어요

그래서 더 아팠구요

이제
이 아픔
소중하게 간직할게요.

사진 속 우리

빛바랜 사진 속
미소 짓는 우리

그 순간은
멈춰 있지만

내 마음은
여전히 두근거리네요

그 추억을 안고
앞으로 나아갑니다.

어쩌면 좋죠?

조심스레
조각들을 모았지만

그 틈은
예전처럼
맞지 않습니다

붙이려 할수록
우리는
더 많이
다쳤습니다

사랑은
되돌릴 수 있는 것이
아닌가 봅니다

그러니
이제 어쩌면 좋죠?

그대였던 눈물

눈물 속에는
사랑이
담겼습니다

한 방울
또 한 방울

그 모든 눈물이
당신이었습니다

나는
당신을 눈물 속에 담고
말없이
이별하고 있었습니다.

하루하루가 쌓여

평범한 일상 속
커피 한 잔
드라마 한 편
그 시간들이 모여
우리가 되었어요

그 우리가
기억 속에 있어서
아프긴 하지만요….

그 한마디

함께해 줘서 고마웠다는
그 한마디가

지금의
나를 살아가게 합니다.

말 없는 싸움

말보다 표정이
더 아프게 했던 날

그날,
우리는
말없이 싸웠지요

돌아보니
말 없는 싸움이
더 큰 싸움이 되었네요.

몰랐어요

그대의 상처도
그대의 고집도

아무것도 몰랐기에
나는 더 쉽게 사랑했어요

서로를
완전히 알지 못했기에
더욱 끌렸던 우리

이제야
미지의 공간을 이해하며
행복을 위해
각자의 길을 가려 하네요.

막을 수가 없네요

작은 말 한마디가
큰 벽이 되었어요

고작
설거지 때문이 아니었어요

쌓이고 쌓인
말하지 못한 것들이
터졌어요

홍수도 막는데
이건
막을 수가 없네요.

균열

그날 저녁
세계
문 닫는 소리

그게
사랑의 균열이었습니다.

모른 척하며

싸우며
또 하루가 지나갑니다

바람이
이리 시원하게 부는데도
서로 모른 척하며.

어떤 날

우리는
예고 없이 싸웠고

그 이유도 모른 채
서로의 마음에
금을 냈지요.

한순간의 불꽃

말없이
울려 퍼진 소리

우리가
다툴 줄 몰랐어요

싸울 이유도 없이 싸우고
서로를
이해할 줄 몰랐던 그때

우리는
그것마저
사랑을 세우는
과정으로 알았지요.

풀잎처럼

웃음이
피어나던 자리

무심히
툭 던진 말에
그 웃음은
폭풍 앞 풀잎처럼
쓰러졌지요

우리는 어쩌면
그때부터
달라졌나 봐요.

사랑의 끝

"미안해"라는 말이
들리지 않던 순간

그것이
오늘의 시작일 줄
몰랐어요.

참을 수 없는 침묵

서로의 말이
부딪히던 그날 밤

침묵 속에서
우리는
더 이상
말을 하지 않았고

그것이
가장 아픈 다툼이었어요.

불안의 시작

서로가
서로를 이해할 수 없던
그날,

불안은
예고 없이 찾아왔고

우리의 마음은
떠나게 되었지요

사랑한다는
제어 장치도 없이.

저무는 감정

우리가
함께했던 시간

감정의 파도가
밀려왔다 밀려가고

다툼이라는
파도가 시작되었지요

태풍이 되고
해일이 될 수 있는.

조용히 터진 분노

마음속에
숨겨 두었던 분노가
조용히 터져 나왔어요

그 속에서 우리는
서로를
잃어 갔습니다.

길 잃은 말

서로의
말이 길을 잃고

우리는
다시 돌아설 수 없었어요

그 순간
그저 싸움의 끝을
피하고 싶었지만
해결은 아니었어요

'이해한다'
그 답을 알고 있었지만
사용할 수 없었지요.

마음이 먼저

퇴근 후
불 켜진 거실을 기대했지만
어둠만이 반겨 주었어요

켜지 않은 전등처럼
우린 대화도 꺼놓은 채
멀어지는 연습을 하고 있었지요

깜빡 잊고
안 켠 게 아니었어요
마음이,
먼저 멀어졌어요
그걸 진작 알았어야 했는데.

제3부
엄마, 울어도 돼요

마지막 불빛

불이 꺼지면
모든 것이 사라질 것 같았어요

그 마지막 불빛 속에서
우리의 끝을 보았지요

불이 꺼지고
집 안은 고요해졌어요

남은 것은
서로의 기억뿐이었지요.

마음은 등 뒤에

불 꺼진 집에
남은 건
차가운 공기뿐

우리는
한 방에 있었지만
마음은
등 뒤에 멈춰섰어요

눈빛으로
데울 수 있었고
사랑으로
데울 수도 있었는데.

당당하게

불이 꺼지고
빈방에
나만 남았네요

서로를 잃고
남은 건
공허함뿐

그 속에
나를 세웠어요

당당하게 살아갈게요.

이름 없는 편지

사랑이라
적지 않았지만

그 편지엔
사랑이 가득했어요

그때는 몰랐어요
이름 없는
사랑이
더 깊다는 걸요.

다시 부른 이름

밤하늘에
소리쳤어요

사랑이라는 이름을
다시 부르는 날
없을 거라며

그런데
이내,
또 부르고 마네요.

흔적

사랑이라는 이름으로
남긴 흔적들

그 흔적을 지우려 해도
지워지지 않는 이유는

그게
진짜여서랍니다.

이유 없이 웃던 날

창밖에
찬바람이 불던 날

우리는
서로 바라보며
아무 이유 없이 웃었지요

찻잔 너머
그대 눈 속에서
웃고 있던 내가 그리워져요.

외면

저녁을
나누던 자리에
말이 사라졌어요

우리 대화는
그날 저녁에 멈췄어요

어쩌면
그 말이
우리를 찾으려고
노력했을 텐데

우린
그냥 외면하고 말았지요.

용기가 안 나요

한참을 망설이다
살며시 잡은
그대 손

세상이
고요해지고
내 심장은 크게 뛰었어요

지금도
심장은 뛰고 있는데

도저히
다시 잡을 용기가 안 나요.

그대 손을 잡던 날

버스 손잡이 대신
그대 손을 잡던 날

출렁이는
길 위에서
내 마음도
같이 흔들렸지요

지금
버스는 보이지 않고
뽀얀 먼지만 일고 있네요.

짧은 거리

그대 손을
잡았을
뿐인데

우린 훨씬
가까워졌지요

그 순간
세상
어느 거리보다
짧은 거리가 되었지요

돌아보니
짧기도 하고
길기도 하고.

행복이라는 착각

웃고 있던
그 순간에도
어딘가
어긋나 있었어요

행복한 줄 알았던 건
내 착각이었어요.

그대도 나만큼

그대도 나처럼
사랑하길 바랐어요

하지만
바람이었고

지나고 보니
그것도 착각이었어요

그대여, 그 착각도
착각이었으면 좋겠어요.

습관

그대는 떠났는데
창문에 기대선 습관이
아직도 남아 있어요

커피를 내리던 손끝
그대가 앉아 있던 자리
자꾸 떠올라요

이별은 끝났지만
기억은
여전히 머물러 있네요.

진심 1

이제는
각자의 길을 가지요

하지만
그때
우리가 함께 웃었던
그 순간만은
진심이었어요

돌아보고
다시 생각해 봐도
진심입니다.

진심 2

사진 속
함께 웃고 있는
우리 표정은
거짓이 아니었어요

그날의
햇살도,
우리 마음도
진심이었어요.

사랑의 증거

아프다는 건
사랑했다는 증거지요

우리는
아프게
사랑했으니까요.

엄마니까

작은 눈으로
나를 바라보는 아이 앞에서

나는
울 수 없었습니다

그 눈동자에
슬픔이 닿을까 봐

눈물은
가슴속에 감추고
나는 더
강해지기로 했습니다

엄마니까
지켜 줘야 하니까.

작은 주문

"괜찮아!"
이 말이
습관이 되었습니다

누군가에게
먼저 속삭이는
작은 주문 말입니다

넘어지지 않으려고
흔들리지 않으려고

사실은,
내 마음을
달래는
주문이었습니다.

무릎베개

아이 머리를
조심스레
내 무릎에 눕힙니다

작은 숨결이
내 다리에 머물고

나는
천장을 바라보며
눈물을 삼켰습니다

아이에게
아픔을 보일 수 없어서

그 순간에도
나는
엄마였습니다.

아침엔

밤엔
울었습니다

아침엔
밥을 지었습니다

그리고
웃었습니다

사는 건
그렇게 견디는 겁니다

제가 잘못 생각한 건
아니죠?

무너짐

아이가
나보다 먼저
어른이 되었습니다

내 눈을 보며
말합니다

"엄마,
울어도 돼요!"

나는
그 말 한마디에
무너졌습니다

나는
엄마가 아닌
나로 돌아왔습니다.

외롭지만

조금 외롭고
조금은 쓸쓸해요

그런데
당신 때문은 아니에요

그냥
오늘 내가
나에게 온 거예요

가끔은 외롭고
가끔은 쓸쓸하지만
견딜 만해요.

울 수 있어서

울었어요
참지 않았어요

그랬더니
조금
살 것 같았어요

눈물이 흐르는 건
아직
내 마음이 살아 있다는
증거였어요

울 수 있어서
정말 다행이에요

그렇죠?
내 생각이 맞죠?

눈물이 묶였다

거울 속
내 얼굴이 낯설었다

구두끈을 묶는데
눈물이 묶였다

작은 소리
딱-
바닥에 부딪히는 구두굽

그게 나였다

가만히 서 있다
걷는다
걷는 척을 한다

누구도 모를
내 첫 발자국은
나를 위로하는 소리였다.

내 편 되기

아무도
내 말을 안 들어줄 땐
내가 들어주기로 했어요

"그랬구나, 힘들었겠다."

이 말 한마디면
괜찮아지거든요

그리고 이제
내 마음을 먼저 챙기기로 했어요

오늘도 나는,
내가
내 편이 되어 줍니다.

마지막까지

마지막 인사까지
나는
진심이었어요

그래서 더 아팠고
그래서 더 깊었어요.

제4부
나를 안아 주는 시간

나에게 안긴 나

혼자 걸었어요
처음엔
겁났어요

근데
걷다 보니
괜찮더라고요

걷는 내가
나를 안아 줬거든요

나에게
안긴 내가
참 편해 보였어요.

숨이 찰 땐

걷다 보면
숨이 찬 날도 있어요

그럴 땐
멈추지요

멈추는 것도
걷는 거니까요

아니,
지금 나에게는
걷는 것도
쉬는 거니까요.

나답게

옆 사람이
더 빨리 가도 괜찮아요

나는
나답게 걷고 있으니까

그게
내 삶이고

이게
앞으로도
살아야 할 삶입니다.

토닥토닥

많이 흔들렸는데
끝까지 잘 버텨 냈어요

그래서 오늘
내가
내 손을 꼭 잡았어요

무너지지 않은 날들이
지금의 나를
지켜 주고 있어요

토닥토닥.

나를 안아 주는 시간

거울을 봤어요
눈가엔 주름이

어깨는
지쳐 있었어요

그래도
나를 토닥였어요

"오늘도 잘 버텼어, 고마워."

말없이
나를 안아 주었어요.

눈물의 위로

눈물이 나면
그냥 흘리면 돼요

그 눈물까지
흉보지 않기로 했거든요

그냥, 말없이
내 안의 나를
감싸 주면 돼요

흐르는 눈물도
위로가 될 테니까요.

내 안에 있는 내게

누가 안아 주기 전에
나는 내게
먼저 손 내밀어요

가장 가까운
내 마음부터
보듬기로 했거든요

생각보다
나란 사람
안아 줄 만한 사람이었어요.

이유가 없어도

삶에
꼭 이유가 있어야 할까요

그냥 살아 있는 것
그 자체로
충분할 때가 있어요

가끔은
아무것도 증명하지 않아도
괜찮아요

나니까요
난
내 일상 속 주인이니까요.

작은 것들이

따뜻한 커피 한 잔
햇살 한 줌만 있어도

그 작은 것들이
오늘
나를 다시 살아가게 해요

거창한 기적이 아니라
소소한 여운이
나를 지켜 줍니다.

상처를 품고도

누구나 아파요
나도 그랬어요

그냥 아픔을
조심히 안고
살아가는 거예요

상처 위에서도
나는
돋을볕 받아
조금씩 자라났어요.

괜찮아요

남 눈치 보지 말고
내 삶을 살아야 해요

조금 서툴어도 괜찮아요
조금 느려도 괜찮아요

오늘도
나는 나답게
살아가기로 해요.

숨겨 둔 울음

이불 아래
깊숙이
울음을 넣었어요

혹시라도
누가 찾아 줄까 봐
가슴 한켠
살짝 열어 두었어요

미움도
사랑도
그 속에 담아서요.

어느 날은

어느 날은
엄마의 한숨이
기도처럼 간절했고

어느 날은
아빠의 말끝이
바람처럼 차가웠어요

나는
그 사이에서
솜처럼 작아졌는데
왜
마음은 돌처럼 무거운 거죠?

접어 넣었어요

무거운 이불 속에
슬픔을 접어 넣었어요

나만 아는 그 자리
가만히 마음도
한꺼풀 접어 넣었어요

작은 숨결조차
세상에 들킬까 봐
잦아드는 소리도
접고 있었어요.

조용할 때

엄마도
아빠도
내 이름을 안 불렀어요

그때
제일 외로웠어요.

엄마 그림자

부엌 불빛 아래
엄마가 어깨를 들썩이고 있어요

엄마 그림자도
소리를 죽이고
따라 울고 있었어요.

아빠의 발소리

현관문 닫히는 소리
딱,
하고 멀어졌어요

아빠 발소리
멀어지고

내 마음은
점점 움츠러들었어요
점점 작아졌어요.

왜 조용한지

집이
너무 조용했어요

말이 없어서가 아니라
마음이 멀어져서 그랬을 거예요

햇볕도 그대로
창밖 나무도 그대로인데
우리 집만
왜 이래야 하나요.

편을 들 수 없어요

엄마도 아프고
아빠도 아파 보였어요

그래서 나는
누구 손도
잡지 못했어요

그저
누군가
내 손을 먼저 잡아 주길
기다렸어요

그게
내가 할 수 있는
전부였어요.

작은 손

내 손은 작아서

엄마 마음
아빠 마음
한꺼번엔
안을 수 없었어요

그래서
왼손엔 미안함을 담고

오른손엔
그리움을 담았어요.

웃음도 죄

내가 웃으면
속상해할까 봐

웃음이
자꾸 목에 걸렸어요

뱉지도 못하고
그렇다고
삼킬 수도 없어요.

오래된 친구

말을 못하니까
눈물이 대신 말했어요

그래서
눈물은
가장 오래된 친구예요.

길을 잃었어

엄마도
아빠도
서로만 바라봤어요

내 마음
가운데서 잠시 머물다
안개처럼 사라졌어요.

질문이 너무 많아

왜 싸우는지?
왜 웃지 않는지?
왜 나한테
말 안해 줬는지?
물어보고 싶었어요

그런데 그 말이
상처가 될까 봐

그냥
입술을 꼭 깨물었어요
깨문 입술보다
마음이 더 아파요
어떻게 해요?

제5부
영문번역 시

The Weight of Love

You and I—

In the days
when we called each other love,

who could have known
that name
would grow this heavy.

Fracture

That evening,
the sound
a door slammed hard—

Only later did I know:
it was love,
Fracturing.

The Unbearable Silence

That night
when our words collided—

in the silence following,
we spoke
no more.

And that was
the most painful quarrel of all.

Quiet Eruption

The anger
We had hidden deep inside
Burst quietly forth.

And within it,
We began to lose each other.

The Heart First

A living room lit after work,
that's what I had hoped for,
but only darkness welcomed me in.

Like a lamp left unlit,
we left our talk unlit,
practicing the distance between us.

It wasn't that
we forgot to switch it on,
it was the heart
that went dark first.

We should have known
sooner.

The Last Light

When the light went out,
everything might vanish, or so it felt.

In that final glow,
I saw the end of us.

Then the house grew still
after the light was gone.

What remained was
only the memory of each other.

The Heart Behind

In a house gone dark,
what lingered was
only the chill air.

We were in
the same room,
yet our hearts stood still
behind each other's back.

With a glance,
we could have warmed it;
with love,
we could have warmed it.

Even If a Little Less

This love—
it need not be perfect.

Even if it stumbles,
if we can hold each other warmly,
even through the cracks,

That alone
will be enough.

A Heart That Wants to Share

Only after the pain
did I realize:

How warm
a person I was.

Now,
I want to share
that warmth, little by little.

But you need not worry—
I have no wish
to go back and share it
with you.

A Good Way

This time,
I'll try loving myself first—
even if I'm a little clumsy,
even if I'm a little slow,
that's all right.

After I soothe myself,
cherish myself,

And with that love,
I'll meet someone
warmly.

Not bad,
as ways go—
don't you think?

Flows Again

The clock, once still,
has begun to move again.

Its hands
touch my heart—

telling me
that time is passing,
and a loving heart
is drawing near.

Thanks to You

Love & parting,
I learned them both,
Thanks to you.

Falling down,
Hurting,
Rising again,

The one who shaped
Who I am now,
After all,
Was you.

Nevertheless,
I shall not say
Thank you.

Some Days

Some days,
Mother's sigh
Was as earnest as a prayer.

Some days,
Father's last word
Was as cold as the wind.

I, between them,
Grew small
As a tuft of cotton.
And yet, why does my heart
Feel heavy as stone?

The Shadow of My Mother

Under the kitchen light,
my mother wept,
her shoulders trembling in silence.

Her shadow, too,
holding back its sound,
wept with her.

I Couldn't Take Sides

Mother was hurting,
and Father looked hurt too.

So I,
I couldn't hold
either hand.

I only waited,
hoping
someone would take mine first.

That
was all
I could do.